LA VÉRITÉ A TOUS

A PROPOS

DE LA COALITION.

LA
VÉRITÉ A TOUS
A propos de la Coalition.

Par M***

« Et si cette union funeste n'est pas déjà consommée, au nom de mon pays j'en interdis les bans !
(Discours de Pitt contre la coalition de 1783.)

« Entre le service personnel du Roi et le service du pays comme ministre règne une incompatibilité qui, pour n'être pas écrite dans la loi, n'en est pas moins réelle et inhérente à nos mœurs constitutionnelles. Un soupçon véhément de dépendance s'attache et survit à l'exercice d'une charge de cour; soupçon injuste peut-être, mais les ministres d'une nation jalouse ne doivent pas être soupçonnés. » (Page 28 de la brochure.)

PARIS
CHEZ LEDOYEN, LIBRAIRE,
PALAIS-ROYAL, GALERIE D'ORLÉANS, N° 31.
1839

LA VÉRITÉ A TOUS.

Dans une cité paisible, si l'on voit sur son chemin un groupe d'hommes ameutés, troublant par leurs cris, les invectives et les coups qu'ils échangent, la tranquillité des habitants, l'on s'arrête pour connaître la cause de tant de bruit, et si l'honnête citoyen s'interpose dans une lutte ignoble par sa cause et par ses armes, c'est pour y mettre un dédaigneux holà, puis s'éloigner avec dégoût. Il faut le dire, tel est le spectacle que la discussion de l'adresse vient de nous offrir; c'est à une rixe parlementaire que le pays vient d'assister. Ce n'étaient plus des principes aux prises, des intérêts de nationalité contestés et débattus; c'était une querelle d'hommes et de noms propres, un tournoi sans-gloire où chaque combattant masquait sa personnalité sous un semblant de dévouement à la chose publique, empruntant une devise chevaleresque et sonore pour dissimuler la haine discourtoise qui armait son bras. Maintenant qu'il a vu comment chacun se comportait dans la lice, le juge du camp, distributeur du prix, veut que vous leviez vos visières et examiner qui vous êtes, champions de toutes couleurs, si bizarrement enrôlés sous une même bannière.

Partisans de la coalition, le pays va vous interroger tour à tour par l'organe des électeurs, et il commencera par vous, M. Thiers, vous, l'instigateur, le Verbe, le Messie de la coalition. Maintenant que vous avez réussi à mettre au service de votre ambition l'ambition plus patiente de M. Guizot, le réformisme pacifique de M. Barrot, le propagandisme guerroyant de M. Mauguin, le loyalisme libertiforme de M. Berryer et le radicalisme goguenard de M. Garnier-Pagès ; maintenant que vous avez, comme les sorcières de Macbeth, amalgamé ces éléments disparates pour faire une œuvre sans nom, avez-vous bien calculé, je vous le demande, la portée, la destination finale de votre création? D'abord est-ce une création que cette mosaïque mal assemblée, sans harmonie de substance et de couleur, et prête à se dissoudre dès qu'une parcelle s'échappera? Que dis-je? elle est déjà dissoute; le soleil électoral s'est levé et le triste ciment qui unissait ces parties hétérogènes (le fiel des ambitions jalouses et la haine du pouvoir existant) s'est transformé en mielleuses épîtres, en circulaires laborieuses, où l'art s'épuise à réconcilier la sagesse logique des faits avec la témérité des théories. Eh bien! M. Thiers, je devance le temps, je franchis d'un bond le champ électoral où va rester plus d'un présomptueux champion, et, secondant votre impatience, en vertu de ma prérogative d'écrivain (plus belle que celle du roi qui attendra que la majorité vous ait désigné), je vous fais ministre. Vous voilà ministre, M. Thiers; qu'allez-vous faire à présent? Vous avez reproché à la politique de M. Molé (avec raison peut-être) sa faiblesse vis-à-vis de l'étranger, oubliant qu'il suivait des précédents que vous et les vôtres lui aviez légués; et il a eu raison aussi de vous le rappeler. Vous avez répondu, car vous avez un esprit merveilleux et vous avez réponse à tout, vous avez répondu que les circonstances étaient différentes, que les embarras du dedans vous forçaient à temporiser, mais qu'aujourd'hui le moment était venu d'agir différemment. Agir différemment, quand on s'est lié par des traités, quand on a engagé l'avenir ! mais c'est rompre violemment à la face de l'Europe ! Est-ce là votre intention ? Vous vous en défendez de toutes vos forces ; vous dites : « Mais on pouvait demander des modifications, ajourner les décisions, réclamer des concessions, et on les aurait obtenues. »

C'est donc toujours cette même idée de l'insuffisance des autres et de votre propre prépondérance, ou défiance du patriotisme d'hommes que vous n'avez pas droit de suspecter. Pourquoi voulez-vous que la Russie, l'Autriche, etc., refusent à M. Molé, un homme de haute importance comme nom (ce qui est quelque chose à l'étranger), comme caractère, comme talent, ce qu'on aurait accordé à M. Thiers ? Mais que dis-je ? ces concessions ont été refusées à M. Thiers lui-même, et si le traité d'Ancône, si les vingt-quatre articles sont venus à un terme décisif devant lequel il n'y avait pas à reculer, c'est que les conditions en ont été, de votre aveu ou en dépit de vous, stipulées dans des termes qu'il a fallu reconnaître et réaliser. Vous ne songez pas à venir faire aujourd'hui de la politique tortueuse et finassière ; vous avez dans le caractère trop de décision, dans l'esprit trop de droiture pour cela ; mais admettant que vous puissiez réussir par cette voie, l'attitude que vous avez prise dans la dernière discussion n'a-t-elle pas compromis votre politique vis-à-vis de l'étranger? Les transactions diplomatiques ne deviendront-elles pas plus difficiles avec vous, qui avez excité ses justes défiances par vos harangues dédaigneuses ou provocatrices? De deux choses l'une: ou votre politique se modifiera en présence des faits et vous reculerez devant les conséquences de vos audacieuses théories: alors pourquoi attaquer si violemment des hommes qui font comme vous avez fait, qui font comme vous ferez vous-même? pourquoi les changer? ou bien vous persisterez dans vos voies belliqueuses, soit par conviction, soit par un sentiment d'orgueil qui vous ferait sacrifier à la peur de passer pour inconséquent le repos de l'Europe et les destinées de votre pays peut-être. Alors votre nom est un cartel aux puissances, vous portez la guerre et non la paix dans les plis de votre manteau. Eh bien! c'est comme héraut de guerre que la Chambre, que la nation vous redoutent. La France admire vos talents, se rappelle avec reconnaissance les services que vous lui avez rendus par votre habileté, par votre courage; mais aujourd'hui elle vous repousse comme un homme remuant, comme un ministre aventureux. Ne dites donc plus que c'est une volonté supérieure, personnelle, en dehors des intérêts exprimés du pays, qui vous tient éloigné des affaires; c'est votre politique qui est à l'index, et la Chambre s'est déjà nettement prononcée. Avez-vous oublié votre échec du 6 septembre et dans quelle circonstance la présidence du 22 février est tombée de vos mains? Nous nous en souvenons, nous avons vu combien étaient impuissants vos efforts d'éloquence sur cette majorité naguère si docile à votre voix, mais sourde et glacée alors que vous aviez cessé comme aujourd'hui de répondre à ses sympathies. Vous lui redemandiez, au nom de l'intervention en Espagne, le portefeuille que vous aviez laissé sur la table du Conseil, où votre pensée de guerre n'avait pu prévaloir. Le vote de la Chambre prouva clairement que la résistance qu'on vous avait opposée s'inspirait d'une appréciation plus juste que la vôtre des instincts de la majorité, et si, après l'échec que votre politique avait essuyé, rien ne fut plus conforme à la morale constitutionnelle que votre retraite du pouvoir, quoi de plus expressif aussi que la démonstration parlementaire qui la confirma?

Personne ne vous conteste une intelligence, un sentiment parfaits du régime représentatif, et cette justice qu'on se plaît à vous rendre ne fait ressortir que plus vivement les écarts où vous vous laissez entraîner aujourd'hui.

Avouez-le, M. Thiers; outre vos desseins arrêtés sur l'occupation du pouvoir, un autre intérêt vous domine. Déchu du faîte où votre talent de publiciste vous avait si rapidement élevé, vous n'avez pas oublié, on vous doit cette justice, votre point de départ et le tremplin qui vous a lancé. Jadis une maxime hardie, sortie de votre plume, avait ébranlé le monde politique, et, comme un maëstro qui veut tirer d'un heureux motif tout un opéra, et même plusieurs opéras, vous êtes venu redemander à votre thème favori la fortune tombée de vos mains. Le phénomène générateur de votre ambition n'échappe pas à l'œil clairvoyant ; vous avez voulu convertir en symbole votre fameux axiome : « Le roi règne et ne gouverne pas ! » Vous l'avez déposé, dans le sein de la coalition, à l'état de chrysalide, pour qu'il en sorte radieux et triomphant, non plus comme une formule, mais comme un fait ! « Le roi règne, et M. Thiers gouverne. » Je ne dirai pas que vous abandonneriez sans entêtement une partie de votre proposition, que vous feriez bon marché du roi qui règne pourvu que M. Thiers gouverne ; non, je ne veux pas faire cette injure à vos paroles et arguer de faux les protestations de dévouement à la couronne prodiguées dans votre circulaire. Vous aimez toujours la dynastie de juillet, je le sais ; mais, enfin, après tant d'indiscrétions, après cette preuve d'inconstance, il faut croire que votre cœur est bien refroidi pour elle, et maintenant qu'elle vous a accordé ses dernières faveurs, votre refroidissement est bien prêt de l'abandon, à moins qu'elle ne consente, ce qu'à Dieu ne plaise, à se livrer sans réserve au libertinage de votre ambition. Convenez encore que vous n'avez pas pour votre maxime un amour épuré, comme doit l'être celui d'un père; que l'établissement de votre fille avec un autre n'entre pas dans vos désirs; qu'en un mot la réalisation de votre pensée au profit d'un tiers ne vous contenterait pas. Si M. Soult, par exemple, allait faire asseoir votre sentence dans le conseil de la couronne, et qu'elle prospérât sous sa tutelle, votre cœur paternel en serait-il satisfait? Consentiriez-vous à admirer de loin votre ouvrage, et à en avoir doté le pays sans autre profit pour vous que la gratitude des citoyens et l'approbation de votre conscience?

Cette question n'a pas de quoi vous embarrasser. Vous répondez nettement que, l'idée qu'on a conçue, on tient naturellement à l'exécuter, parce qu'on en connaît mieux les ressources et la portée. Cette prétention est raisonnable, et, sûr de votre capacité, je ne blâme de votre ambition que ses moyens, que le terrain sur lequel elle s'est placée. Votre doctrine, juste dans une certaine limite, est absurde dans son exagération; l'application que vous en faites est téméraire jusqu'à la trahison quand elle n'est pas justifiée. De ce que votre volonté s'est trouvée un jour contredite par la volonté royale (appuyée sur le vœu des Chambres), vous concluez qu'il y a violence permanente exercée sur les membres du cabinet, vous transformez l'exception en généralité. M. Molé s'est-il plaint d'être violenté par la couronne? Et quelle raison avez-vous de lui imputer une faiblesse, une abdication de son libre arbitre dont vous vous sentez incapable? Quel droit avez-vous de le taxer d'indifférence pour la dignité nationale parce qu'il la comprend autrement que vous?

Vous accusez le ministère de sa transparence, de son insuffisance à couvrir la royauté; rien de plus banal que ce reproche, rien de plus vague, rien de plus inconstitutionnel. Je ne parle pas de ce qu'il a d'insultant pour les individualités auxquelles il s'adresse; mais, je vous prie, qui pourra se soustraire à cette imputation mal définie? qui de vous y a échappé jusqu'au jour où vous avez exigé une mesure contraire à la politique avouée et suivie jusqu'alors par les trois pouvoirs? Est-ce à dire que l'antagonisme avec la volonté royale, quand même cette volonté serait l'écho de celle des deux Chambres, soit le signe nécessaire de capacité, d'indépendance gouvernementale? Le ministre qui se trouvera d'accord avec un prince dont vous avez reconnu et proclamé plus d'une fois les lumières et la haute sagesse, ne sera-t-il plus et nécessairement qu'un vil flatteur, qu'un imbécile courtisan? La personne du roi n'est pas couverte! mais jusqu'où n'ira-t-on pas avec cette incrimination élastique, et que devient le seul principe conservateur de nos institutions, l'inviolabilité, si vous donnez cours à ces maximes téméraires? Vous le savez, tout notre édifice politique repose sur une fiction, et, si vous manquez de bonne foi pour l'accepter, vous remettez tout en question. Qui dérobera à votre œil de lynx la personne royale, si vous persistez à traverser les corps ministériels interposés? Quels sont, nommez-les-moi, les hommes d'étoffe responsable, imperméable à la malveillance qui voudra nier leur *suffisance*, et franchir la seule barrière que la constitution ait mise à la fureur des partis?

J'ai vu le temps où votre sentiment de la dignité nationale était, sinon moins vif, du moins plus discret, plus contenu. En 1835, il y eut à Tœplitz un congrès célèbre, dont le but assez clair était une croisade absolutiste contre la France. Les démonstrations belliqueuses du czar, les rassemblements de troupes du camp de Kalish, l'exclusion formelle de nos diplomates[1], l'attitude générale des puissances étaient des indications assez

(1) M. Bresson, malgré la faveur du roi de Prusse, malgré les instances pressantes du Gouvernement français, n'avait pu réussir à s'y faire admettre.

significatives. A cette époque je voyageais en Allemagne, et j'ai vu dans quel mépris la France était tombée dans toutes ces contrées qui l'avaient vu si grande, si redoutable autrefois, combien étaient impuissants à protéger les citoyens français des représentants timides, isolés, impuissants à se faire respecter eux-mêmes. J'ai vu tout cela, non pas d'un œil prévenu, non pas à travers l'optique dénigrant des déclamateurs patriotes. Non, ma prévention était toute contraire, et mon étonnement fut égal à ma douleur comme Français en reconnaissant la vérité de leurs assertions.

A cette époque, un Français qu'une circonstance singulière avait fait pénétrer en Bohême, se trouvant près de Tœplitz, sur le foyer même des intrigues de la Sainte-Alliance, indigné de la conspiration qui semblait s'ourdir contre les libertés de son pays, n'entendant partout qu'un *tolle* de réprobation, qu'un cri de haine et de guerre contre la France de juillet, crut, en l'absence de tout représentant, devoir protester autant qu'il était en lui contre ces allures menaçantes et donner un *memento* salutaire à des haines insensées. Vêtu d'un uniforme, il alla montrer la cocarde tricolore au milieu des hordes ennemies. Notre compatriote fut jeté hors des frontières, malgré qu'il en eût; et, malgré ses réclamations à son retour en France, il attend encore de justes réparations.

Peut-être ce patriote aventureux n'était-il qu'un émissaire suspect, quelque enfant perdu de la propagande? Loin de là; c'était un homme libre de tout engagement de parti, qui n'avait obéi qu'aux inspirations de sa conscience, un homme qui, peu de mois auparavant, par une ordonnance signée de vous, avait été décoré pour son zèle à défendre dans la rue, la cause de l'ordre et de la liberté, qu'alors vous défendiez si victorieusement à la tribune. Qui sait si cette récompense n'avait pas exalté son patriotisme, et s'il n'a pas cru, vous sachant homme de cœur et patriote chaleureux, faire honneur à votre signature par sa démarche toute chevaleresque? M. le duc de Broglie, votre collègue alors, aujourd'hui votre allié à la Chambre des Pairs sur ce même terrain de la dignité nationale, M. de Broglie promit des satisfactions; mais soit retard du courrier, soit mauvais vouloir du prince Metternich, quatre ans se sont écoulés et rien de satisfaisant n'est intervenu.

Ce n'est pas d'aujourd'hui sans doute que date votre zèle pour la dignité nationale; vous en étiez animé alors comme aujourd'hui, mais vous saviez que les grands mots ne sont pas les grandes choses; vos prétentions étaient plus modestes, parce qu'à côté des aspirations glorieuses vous voyiez tous les maux qu'une guerre entraînerait à sa suite; car vous étiez ministre alors, et, vigilant dans la pratique, vous laissiez à l'opposition ses ambitieuses théories. Dignité nationale, liberté, progrès, vérité du gouvernement représentatif, voilà certes un magnifique programme, voilà des paroles magiques, faites pour attirer la haine populaire sur les ministres accusés d'être de ces superbes conquêtes les gardiens infidèles ou insuffisants! C'est là un levier puissant pour renverser un ministère et ramener sur vous les sympathies de la nation. Mais quelle opinion avez-vous de cette nation si vous la supposez si oublieuse? N'avez-vous pas subi naguère et mérité en apparence les mêmes reproches? n'étiez-vous pas alors les *hommes de la peur*, *les ministres de la paix à tout prix?* En vous jetant dans le camp de l'opposition vous ne lui avez apporté rien de neuf, si ce n'est votre haine de fraîche date, que les médisants appellent rivalité de portefeuille. Vous avez emprunté à l'opposition ses vieilles armes, les mêmes qui ont bu tant de fois votre sang ministériel et celui de vos frères, assis avec vous et avant vous *au banc de douleur*. Vous ne lui avez rien apporté qu'une habileté déplorable à manier ces armes perfides, et le triste avantage, celui de tous les transfuges, de savoir où porter les coups les plus sûrs et les plus sensibles.

La dignité nationale! Mais comment sera-t-elle mieux défendue par M. Thiers de 1839 que par

M. Thiers de 1835? Ce sentiment si énergique de l'honneur du pays n'est pas une nouvelle découverte que vous avez faite dans votre cœur, et je ne vois pas, quand vous arriverez au ministère, en butte aux défiances de la majorité, aux exigences et aux récriminations de vos anciens alliés, aux rancunes des puissances étrangères, je ne vois pas quels sont vos moyens nouveaux de faire prévaloir (sans guerre, car vous ne voulez pas la guerre) cette dignité nationale dont vous êtes si justement jaloux. Vous dites : « Mais les temps sont changés, nous pouvons aujourd'hui ce qui nous était difficile il y a quelques années ; nous avons la tranquillité au-dedans, nous avons une armée brave, aguerrie ; nous sommes forts et nous devons être redoutables... » Mais le temps n'a pas marché pour nous seuls ; nos ennemis ont aussi des armées nombreuses et bien disciplinées, et ils sont revenus de cette stupeur dont les avait frappés notre glorieuse révolution, cette stupeur, notre plus puissant auxiliaire.

C'était aussi au nom de la dignité nationale que Fox formait cette fameuse coalition qui, en 1783, renversa le ministère Pitt, malgré les prodiges d'éloquence de cet illustre homme d'état. Voulant reconquérir le ministère, Fox s'unit à lord North, qu'il avait décrié toute sa vie dans sa politique et dans sa personne, et tous deux, à la tête de l'opposition, ils attaquèrent comme attentatoires à la dignité de la Grande-Bretagne les conditions de la paix que ses ministres négociaient alors avec la France, l'Espagne et l'Amérique. Lord Shelburn, chef du ministère, cédant à la vigueur de ces attaques, se retira, et Pitt, resté presque seul, résista à ses adversaires pendant encore deux mois. Enfin, malgré les instances du roi qui voulait le décider non-seulement à rester, mais à devenir le chef du Cabinet, il se démit de l'office de chancelier le 31 mars 1783. Fox et North rentrèrent dans l'administration, et ce fut ce ministère, surnommé de la COALITION, *qui signa avec les mêmes conditions le traité qui avait été le but de ses attaques, sur les bancs de l'opposition.*

Cette similitude est assez frappante, et je vous laisse le soin d'en faire l'application, que je recommande aussi à votre allié, M. Guizot, dont l'érudition emprunte à l'Angleterre de si fréquents exemples.

Vous, M. Guizot, votre équipée parlementaire est plus impardonnable encore; car il semblait que votre gravité, la force de votre caractère et de votre raison devaient vous préserver de pareils entraînements. Vous avez fait à la cause de l'ordre une blessure douloureuse; mais à votre caractère privé, à votre renom d'homme d'état, vous en avez fait une plus profonde encore, mortelle peut-être, et le pays demande compte à M. Guizot coalisé, plaidant les doctrines de l'opposition après les avoir combattues en d'autres temps, comme un avocat du pour et du contre, du ministre énergique et conservateur du 11 octobre. Devenu impopulaire, vous avez voulu vous retremper dans les eaux turbulentes de l'opposition, mais vous vous y noierez. Vous y cherchez le baptême, vous y trouverez la mort. Votre complexion politique s'est faite à l'atmosphère gouvernementale; c'est votre élément; hors de là vous ne pouvez pas vivre. Vous avez déserté une majorité fidèle pour une popularité trompeuse, et maintenant elles vous manquent toutes deux. Voyez déjà comme votre figure d'homme politique est terne et décolorée, comme elle pâlit près de celle de votre associé en coalition, de votre rival dans l'admiration publique. Que dis-je? en suivant M. Thiers dans sa campagne contre le pouvoir, l'égalité a disparu entre vous, votre individualité a été absorbée; vous n'êtes plus le rival de M. Thiers, vous n'êtes que son lieutenant. Voyez; la coalition dans ses manifestes, les 221 dans les feuilles qui leur servent d'organes, ne citent guère votre nom qu'à la suite, comme celui de l'auteur du *libretto* dans un grand opéra. En effet, votre parole a pu être utile, mais on ne compte guère sur votre action; les partis n'ont pas foi en vous, parce que vous êtes sage, et la majorité ne vous redoute guère, parce que, malgré vous, malgré votre récent écart, elle croit encore à votre probité. Comme ministre, comme appui du Gouvernement, vous valez M. Thiers, et votre voix a bien autant d'autorité que la sienne quand elle veut parler au nom de l'ordre et de la liberté; mais sur les bancs de l'opposition l'égalité s'efface; votre déclamation dogmatique, votre argumentation sententieuse le cèdent à la parole incisive, à l'improvisation vive et jaculatoire, aux allures passionnées de votre compétiteur. Plus que lui, peut-être, par la sévérité de votre maintien, l'austérité de vos mœurs, ce je ne sais quoi d'ascétique et de probe répandu dans toute votre personne, vous êtes l'orateur d'un pouvoir fort et moral, le *virum quem* fait pour conjurer les partis et comprimer les passions; mais vous avez trop de probité pour les servir, et vous n'avez pas ce qu'il faut pour les soulever; vous n'avez pas comme lui l'étoffe d'un tribun, et ce n'est pas vous que M. O. Barrot *baptise*, ni que M. Berryer *remercie*, car ils ne comptent pas autant sur vous pour faire leurs affaires. Faire les affaires de l'opposition, voilà le grand fait de la coalition, voilà le résultat probable de cette association militante de tant d'opinions, de tant de passions affamées de pouvoir par le long jeûne qu'elles ont subi.

Vous tous qui vous êtes laissés égarer dans cette voie funeste, vous qui, ayant flétri l'alliance carlo-républicaine, formez avec elle une trinité sacrilège; soutiens de l'adresse, amis dévoués, qui aimez mieux *déplaire que de trahir*, qui écrasiez, comme l'ours de la fable, la tête de celui sur qui vous veillez, si des amis, moins zélés sans doute, ne s'étaient interposés; hommes du tiers-parti, qu'on peut bien appeler aujourd'hui le parti Thiers; hommes de la doctrine, alliés de la gauche dite dynastique, mais plus gauche que dynastique; vous tous qui vous êtes mis dans le bagage d'un homme au lieu de suivre la bannière large et protectrice de l'ordre et de la liberté, vous tous qui ne craignez pas de mettre le feu à l'édifice de juillet pour faire cuire l'œuf de votre ambition, voici ce qu'au jour d'épreuve on répondra à vos artificieuses palinodies :

« Vous vous êtes jetés dans les bras d'opinions décriées comme le libertin dans les bras des courtisanes, non pour y chercher des plaisirs naturels et permis, mais pour assouvir une ardeur brutale, une concupiscence effrontée. Infidèles à une alliance légitime, vous êtes allés prostituer à un indigne concubinage des talents que vous aviez apportés en dot à la cause de l'ordre et de la paix, que vous répudiez aujourd'hui. De votre union à cette cause sainte étaient nées la confiance, la richesse, la prospérité, belles et pieuses filles qui bénissaient votre nom; et vous, pères dénaturés, au lieu de veiller sur elles, vous les avez vendues à leurs plus cruels ennemis. Revenus aujourd'hui de votre égarement, honteux peut-être de votre désertion adultère, mais trop orgueilleux pour en avouer la turpitude, vous cherchez à la pallier : ce n'est pas une alliance, dites-vous, c'est une liaison... Oui, mais de cette liaison impure ne vous restera-t-il aucune souillure ? êtes-vous encore dignes de servir la liberté après que vos mains ont touché la tunique écourtée de la licence, la robe traînante de la contre-révolution ? Argument ordinaire des infidèles, ce n'est, direz-vous, qu'un égarement de vos sens, votre cœur est resté le même, et c'est votre première idole que vous rêviez dans les bras de ses rivales. Mais n'eussiez-vous courtisé qu'un jour la République dans ses ruelles, la Restauration dans ses boudoirs, libertins politiques, la France de juillet se défie de vos embrassements. »

Avoir rendu difficile, sinon impossible, je ne dis pas l'accès, mais le maintien au pouvoir d'hommes d'état d'une grande valeur, voilà la conséquence la plus désastreuse de la coalition. Mais cette coalition aurait-elle pu devenir si formidable, aurait-elle pu faire tant de dupes, enrôler tant d'hommes de bonne foi, si le pouvoir lui-même ne lui avait donné de plausibles prétextes? La combinaison ministérielle du 15 avril avait-elle été acceptée comme définitive dans toutes ses parties; avait-elle même été considérée comme telle par quelques-uns de ses membres? Je n'hésite pas à dire non. La lutte brillante que soutint M. Molé dans la question d'intervention lui donna l'investiture de la part des Chambres; mais l'adhésion que trouvèrent ses mesures fut subordonnée à une modification prochaine, sous-entendue et même exprimée assez nettement de part et d'autre. Le temps s'écoula sans que cette modification intervînt, et des hommes provisoires, profitant de la tolérance de la majorité, se prirent au sérieux et se perpétuèrent au pouvoir. De là résulta un grand mal, et cette accusation, hasardée timidement d'abord et reproduite depuis avec audace, d'empiétement sur la prérogative parlementaire, de gouvernement de cour, de *camarilla*. Oui, le jour où le portefeuille de la guerre fut mis entre les mains d'un aide-de-camp du roi, le jour où le portefeuille de l'intérieur fut mis entre les mains d'un intendant de la liste civile et y demeura, ces imputations furent, jusqu'à un certain point, justifiées. Dans nos mœurs constitutionnelles il y a incompatibilité flagrante entre les charges de cour et les fonctions publiques; l'homme qui fait les affaires du roi est implicitement frappé d'incapacité pour faire, comme ministre, les affaires du pays. C'est là une pensée qui pourra être combattue, et l'on fera là-dessus de fort beaux raisonnements; mais il y a quelque chose au-dessus de toute discussion d'école, c'est l'instinct d'une nation. Il y a quelque chose de blessant pour les susceptibilités libérales dans le choix d'hommes placés en apparence et en réalité, il faut le dire, dans un état de dépendance à l'égard du prince. Si ce fait constitue un tort aux yeux des citoyens sages, modérés, amis sincères de la dynastie, aux yeux des partis ce doit être un crime. C'est à coup sûr un énorme prétexte qu'on n'aurait dû à aucun prix leur laisser, et le sommeil du pouvoir sur ce point a peut-être engendré tous les maux dont se complique la situation.

Loin de moi la pensée de faire le procès à MM. Montalivet et Bernard dans leur caractère privé; je ne prétends pas que M. Bernard, homme probe, officier illustre dans sa spécialité, ne soit pas individuellement un aussi bon ministre de la guerre que qui ce soit de ses frères d'armes; mais je regarde comme déplorable que l'on puisse dire avec une apparence de raison que la couronne a mis le portefeuille de la guerre dans la poche d'un de ses aides-de-camp, soit pour compléter l'éducation administrative du prince royal, soit pour se réserver sur l'armée une puissante influence. Cette influence sur une classe nombreuse, passionnée, ambitieuse par sa nature, exigeante parce qu'elle est pleine de zèle, et toute prête à prendre son ardeur pour un droit, quand déjà les droits réels sont en disproportion si grande avec les récompenses à distribuer; cette influence, dis-je, est difficile et dangereuse à exercer. L'avancement, les décorations ne sont aux yeux de ceux qui les obtiennent que la constatation d'un droit qui les tient quittes de la reconnaissance, tandis que ceux qui ne les obtiennent pas, car les mérites sont nombreux, et l'expectative est longue en temps de paix, ceux qui ne les obtiennent pas sont bien près de crier à l'injustice. De là surgissent des mécontentements sourds que la presse recueille avidement; de là ces diatribes agressives contre un jeune prince qui a besoin d'amasser dans le présent la popularité qui fondera son avenir, et qui a déjà tant fait pour en acquérir. Vis-à-vis de l'armée, loin d'agir ou de paraître agir par lui-même (ce qui est pire encore puisqu'il assume une injuste responsabilité), le prince doit s'isoler de la sphère d'action administrative pour être le recours des intérêts blessés, la consolation des espérances déçues, le réparateur de l'oubli ou de l'erreur, et comme une providence au-dessus de la justice des hommes.

Quant à vous, M. de Montalivet, loin de vous croire un ministre incapable, je déplore l'espèce d'interdit qu'une charge de cour me semble avoir jeté sur vous. J'apprécie votre sincérité, la ferveur de votre patriotisme et de votre dévouement, cette chaleur d'âme qui prête parfois à vos improvisations une véritable éloquence; j'apprécie surtout votre courage, courage d'action, toujours prêt à se traduire en fait, et, quelles que soient les fautes où puisse vous entraîner votre jeunesse et cette fougue même qui est votre défaut en même temps qu'elle est une de vos qualités, je ne saurais oublier les preuves que j'ai acquises de votre sang-froid et de votre fermeté à l'heure du danger. A l'époque la plus critique des huit années qui viennent de s'écouler, dans la nuit du 5 au 6 juin, je vous ai vu sur la place du Carrousel, entouré d'hommes que le péril exaltait, d'officiers supérieurs qui venaient demander que la ville fût mise en état de siége, je vous ai vu calme et digne au milieu de ces avis passionnés. Vous leur répondiez : « Non, cette « mesure est impolitique; je ne veux pas que « les provinces, je ne veux pas que l'étranger « puissent supposer que le Gouvernement s'est « trouvé dans des conjectures si graves qu'il ait « dû recourir à de pareilles extrémités. Je suis « tout prêt, comme ministre de l'intérieur, à « prendre sur la responsabilité de ma tête telles

« mesures que le salut public exigera, sauf à de-« mander aux Chambres un bill d'indemnité; mais « l'état de siége ne sera pas proclamé. » Il paraît que cette pensée ne prévalut pas dans le conseil, mais ce n'en était pas moins la pensée d'un citoyen courageux et d'un homme d'état prévoyant.

Encore une fois, je n'accuse pas MM. Bernard et Montalivet de servilité tout en niant leur indépendance, ni d'incapacité personnelle tout en affirmant leur incapacité politique. Cette incapacité, cette dépendance sont purement relatives, purement nominales, peut-être; elles dérivent uniquement de la position que la faveur éclairée du prince leur a faite; mais, sous le rapport de l'indépendance, les ministres du roi, les gouvernants d'un peuple jaloux, ne doivent pas être soupçonnés. C'est ce soupçon, quelque injuste qu'il puisse être dans la réalité, qui a miné le ministère actuel. M. Molé, en s'abstenant de le modifier à temps, a mérité, malgré l'élévation de son caractère, malgré l'éclat de son nom et de sa probité politique, malgré les incontestables bienfaits de son administration tant calomniée, malgré le courage et la verdeur de talent qu'il a déployée dans la guerre à mort que les partis lui ont livrée, a mérité, dis-je, ou du moins autorisé les dénominations fâcheuses dont on a stigmatisé son ministère. C'est le châtiment de son association à des hommes que repousse, en dépit de leur valeur personnelle, le sens libéral, cet instinct énergique et vivace de la majorité du pays. C'est faute de le consulter, de le respecter assez, cet instinct si irritable et si jaloux, que les pouvoirs arrivent à cet état de malaise qui les énerve et les met en péril. Avoir donné, soit aux partis, soit aux ambitions impatientes, de spécieux prétextes, avoir permis ainsi que leurs déclamations trouvassent une sympathie chez les hommes d'un libéralisme sage, parce qu'il veut conserver ses conquêtes, mais ferme et incorruptible, parce qu'il est éclairé, voilà le triste résultat d'une imprudente quiétude, voilà la cause de la crise actuelle.

La dissolution des Chambres est-elle une mesure constitutionnelle? Personne n'en doute. Est-ce une mesure rationnelle, et indiquée, sinon commandée par les circonstances? Oui, car lorsqu'une Chambre se divise en deux portions presque égales, que cette division résulte de la force des choses ou d'un parti pris de part et d'autre, comme c'est le cas aujourd'hui, il y a nécessité de départager les opinions, comme fait le juge de paix dans le conseil de famille, et ce départage, c'est la grande voix du pays qui doit l'opérer.

Maintenant, est-ce une mesure politique? C'est

une question qu'il serait téméraire de décider; car la logique et le droit ne suffisent pas pour fonder un fait politique d'une manière certaine, et statuer sur une chose soumise aux flux et reflux irréguliers des passions humaines, aux influences occultes ou aux suggestions violentes de l'intrigue et de l'esprit de parti, aux séductions du pouvoir ou de la popularité, soumise aussi et surtout à tous les caprices du hasard, comme la matière électorale, c'est se jeter dans les aventures de la prédiction.

Arrière les Cassandres politiques avec leurs oracles toujours sinistres, parce qu'on agit plus sûrement sur les masses par la terreur que par l'espérance. Nous ne sommes plus au temps de faiblesse, d'ignorance et de crédulité, et la politique de prédiction comme la politique sentimentale sont passées de mode; il ne s'agit plus d'émouvoir le cœur et l'imagination des hommes, il faut parler à leur raison. La position est grave, voilà le cri universel; mais sonder le mal et surtout en indiquer le remède, c'est ce que nous ne voyons guère que sous cette formule. —Prenez M. Thiers. — Gardez M. Molé. Peut-être faudrait-il dire: Ni M. Molé, ni M. Thiers. Une des preuves les plus éclatantes de l'égarement des partis, de cette puissance de ridicule qui nous caractérise, c'est d'être parvenu à flétrir le plus bel axiome de la philosophie ancienne, la pensée la plus franchement et la plus universellement acceptée jusqu'à nos jours, le célèbre adage : *In medio stat virtus*; qu'il faut traduire : Dans le milieu est la force s'il s'agit des objets matériels, et dans la modération est la force s'il s'agit de morale, de morale politique surtout. Ce milieu tant ridiculisé a sauvé la France, et si le corps politique est en souffrance, c'est que nous l'avons perdu.

Quand le côté droit est venu prêter son appui au côté gauche, quand il est venu s'incorporer et se confondre avec lui, le centre a été refoulé sur les bancs de la droite, et maintenant il n'y a plus que deux camps opposés, la gauche et la droite; et, ce qu'il y a de triste à dire, il en est résulté des dénominations vieillies et d'irritant souvenir : les ultras et les libéraux. Cet état de choses est critique; voilà deux forces emportées dans les espaces faute d'un lest, faute d'une troisième force centrale propre à utiliser les ressorts de la machine dans une action commune. On ne pouvait pas dire de la Chambre, telle qu'on l'a vue avant sa dissolution, qu'elle n'avait ni queue ni tête, mais bien qu'elle n'avait pas de milieu; c'est ce milieu que la couronne vient demander au pays. Je ne peux pas m'écrier comme Santeuil : « Je l'ai trouvé! » mais il me semble qu'il s'est révélé pendant la discussion de l'adresse. L'épisode auquel je fais allusion est sans contredit le plus frappant de cette courte et mémorable session. On se rappelle ce vote obtenu un jour au profit de la coalition, qui se l'adjugea tout d'abord sans en comprendre le sens et la portée; ce vote a traversé comme un éclair le chaos de la discussion, mais il y a laissé, pour les bons esprits, une vive et féconde lumière, et c'est cette lumière que je veux m'approprier, comme Daguerre, pour tracer les sept ou huit noms qui composeraient un ministère. Je le dis hautement, les sept ou huit voix hostiles à la coalition, et qui cette fois lui sont venues en aide contre le ministère, ces hommes qui combattent la coalition, qui la trouvent désastreuse, immorale, impie, qui sont plutôt les ennemis de la coalition que les amis du ministère, qui reprochent à ce dernier moins une faiblesse dont ses devanciers sont au moins complices que son obstination à se survivre, et l'indomptable tort de s'être laissé gagner par la gangrène faute de courage pour s'amputer, ces hommes qui soutiennent, non pas des ministres et des noms propres, mais le pouvoir affaibli et menacé, ces hommes, dis-je, s'ils possèdent quelque capacité, quelque valeur personnelle, seraient les ministres de mon choix. Ils m'ont paru comprendre la situation des esprits, et à eux, je le pense, appartiendrait la majorité, ou du moins le ferme appui de l'opinion publique.

Dans la conjoncture présente, je reprocherais au ministère une grande faute, si ce n'était plutôt un grand malheur : c'est de ne s'être pas modifié avant d'aborder l'épreuve électorale. Il a perdu par là sa meilleure chance de succès, et il faut croire qu'il n'y a renoncé qu'après les plus sérieux efforts. L'acte le plus audacieux, l'usurpation la plus flagrante de la coalition, c'est d'avoir jeté sur le pouvoir une espèce de *veto*, et d'exercer une terreur morale, non-seulement sur ses affiliés, mais encore au-delà de son sein. Le refus du maréchal Soult en est une preuve aussi triste que frappante. Il y a des renommés si puissantes qu'elles ne doivent jamais craindre de descendre dans l'arène des partis pour y accomplir un devoir. Un homme d'une importance personnelle comme M. Soult ne doit pas être plus avare de son nom et de son influence qu'il ne l'a été de son sang sur les champs de bataille; car sa vie est fragile et bornée, et sa gloire est impérissable. M. Soult refusant son concours au roi dans un moment de péril, déclinant le rôle de modérateur de ces passions soulevées, n'osant lancer le *quos ego* à toutes ces ambitions turbulentes, M. Soult recevant le mot d'ordre de la coalition, se rapetisse à mes yeux de toute la distance qui sépare l'esclave des factions de l'homme libre qui les domine; il me semble avoir méconnu ses devoirs, je ne dis pas envers le roi, péché véniel par les doctrines qui courent, mais envers le pays et envers lui-même.

Si quelque bien pouvait résulter de la coalition, car le bien peut quelquefois sortir du mal, ce bien serait réalisé; les griefs qu'elle a pris pour prétexte ont été proclamés assez haut pour être entendus. L'effet moral, si la moralité pouvait sortir de l'immoralité, aurait été produit; au-delà, la coalition ne peut rien que désordre et ruine. Electeurs qui voyez la tristesse des amis sincères et désintéressés du pays, le deuil des honnêtes gens et la joie des artisans de République et de Restauration, si vous hésitiez, ce spectacle doit être pour vous un salutaire avertissement; la question n'est pas entre un ministère provisoire et une coalition factieuse, mais entre l'ordre qui régnait et l'anarchie qui veut gouverner! Ne votez pas pour le ministère, mais, au nom de votre pays, votez contre la coalition.

La coalition dans la Chambre n'a été qu'une débauche politique; hors de la Chambre c'est une trahison, et la plus ignoble des émeutes, parce qu'elle n'est pas relevée par le danger. Maintenant qu'elle poursuit avec les ennemis de nos institutions sa ligue effrontée, maintenant qu'elle descend sur la place publique et qu'elle s'y installe pour continuer au grand jour une intrigue scandaleuse, les bons citoyens s'indigneront. Leur cœur se soulèvera quand il verront s'agiter pour l'œuvre de génération électorale M. Guizot et M. G. Pagès, M. Barrot et M. de Haurane, M. Thiers et M. Berryer; mais il ne sortira rien de ces accouplements contre nature; la coalition restera stérile : les monstres n'engendrent pas.

FIN.

Paris. — E. Duverger, Imprimeur, rue de Verneuil, n° 4.

www.ingramcontent.com/pod-product-compliance
Ingram Content Group UK Ltd.
Pitfield, Milton Keynes, MK11 3LW, UK
UKHW020112240726
13926UKWH00011B/444

9 782014 058536